SCÈNES ET COMÉDIES
POUR LES PENSIONNATS ET LES SALONS
par Eugène BOULY DE LESDAIN.

LES
BRIGANDS INVISIBLES

COMÉDIE BOUFFONNE

en un Acte.

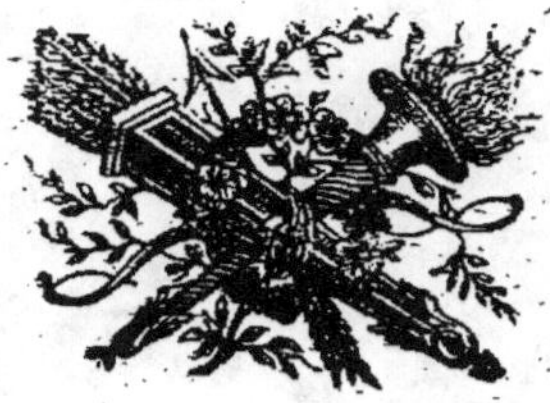

Prix : 75 centimes.

PARIS :
Veuve MOLLIE, libraire, 131, boulevard
Saint-Germain.

BEAUVAIS :
TRÉZEL, 21, rue du Châtel.

1873.

LES
BRIGANDS INVISIBLES

COMÉDIE BOUFFONNE
en un Acte,
par EUGÈNE BOULY DE LESDAIN.

PERSONNAGES :

MOUFLON, *aubergiste.* — Veste et culotte ; tablier relevé en coin, bonnet sur la tête.

LARIGOT, *garçon d'auberge.* — Environ dix-sept ans ; veste rouge et culotte grise ; cheveux longs et plats.

GUSTAVE, *jeune peintre.* — Costume de voyage.

JÉROBOAM, *vieux juif, marchand d'objets de curiosité.* — Mise sordide, chapeau à larges bords ; visage encadré d'une barbe grise. Air doucereux et sournois.

BRACONNEAU, *garde-champêtre.* — Costum de l'emploi ; chapeau à cornes, avec cocarde blanche.

TREMBLOTIN, *maire de village.* — Mise ridicule. Casquette grise à grande visière, rédingote à pans très-longs.

VERBAL, *garde-chasse.* — Costume de l'emploi.

CASSENOIX, *garde-chasse.* — Même tenue que le précédent. (Personnage muet.)

PAYSANS.

La Scène se passe dans un Village, en 1816.

Le théâtre représente une salle d'auberge. — A gauche, au second plan, la porte d'entrée. Au fond, l'escalier de la cave, et une fenêtre donnant sur le village. A droite, au premier plan, une porte qui s'ouvre sur la scène, de sorte que celui qui est derrière et la tient entr'ouverte, voit le public, sans voir les acteurs et sans en être vu. Au milieu de la salle, une table sur laquelle est une gazette. Des chaises auprès de la table, à droite et a gauche.

SCÈNE PREMIÈRE.

BRACONNEAU, ET ENSUITE LARIGOT.

BRACONNEAU, *entrant par la porte de gauche. (A la cantonade.)* C'est bien, maître Mouflon, achevez votre besogne... j'ai le temps d'attendre : — et, d'ailleurs, j'aperçois une gazette sur la table... Hein ! qu'est-ce que vous dites?... un verre de vin?... Comment donc, bien volontiers. *(Descendant le théâtre.)* J'aime encore mieux ça que la gazette. *(Tandis qu'il s'approche de la table et s'asseoit sur la chaise placée à droite, Larigot traverse le théâtre et va chercher, au bord de la cave, une bouteille et un gobelet, qu'il pose sur la table, devant Braconneau.)*

LARIGOT. Tenez, monsieur Braconneau ; voilà de quoi prendre patience, en attendant notre maître. Il est si occupé, le bon brave homme ! Dame ! dans notre auberge, on n'a pas le temps de muser... on ne peut pas même se permettre une petite causerie en passant ; parce que c'est l'un, c'est l'autre qui vont, qui viennent ; c'est celui-ci qui entre... c'est celui-là qui sort... Et puis les voyageurs qui sont exigeants, qui ne sont jamais contents. Vrai ! pour ce qui est de moi surtout, je ne sais où donner de la tête.— Larigot, viens ici... Larigot, va là-bas...—Larigot, as-tu brossé mon habit? Larigot, as-tu ciré mes bottes? — Pardon, excuse, monsieur le voyageur. — Larigot, tu es un paresseux. — Larigot, as-tu fait boire mon cheval? Larigot, as-tu préparé l'avoine ? — Pardon, excuse, monsieur le cavalier. — Larigot, tu es un animal... Larigot, par-ci ; Larigot, par-là... Et puis, vlan ! des giffles sur la figure ; et puis, zig ! des coups de pieds dans le... Ah ! mon Dieu ! je ne sais à qui entendre.

(On appelle dans la coulisse.) Larigot !

Quand je vous le disais. *(Répondant.)* On y va ! on y va ! *(A Braconneau.)* Et si, par malheur, il m'arrive, en passant, un petit mouvement de curiosité ; si j'entends causer dans une chambre voisine, et que je pose avec précaution mon oreille contre la porte, crac ! v'là la porte qui s'ouvre et mon maître qui attrape c'te pauvre oreille, et la tire et la tiraille au point de me faire crier... Ça ne manque pas, ça ; le guignon me persécute.

BRACONNEAU. Ton maître a raison de réprimer cette mauvaise habitude... c'est très-mal d'écouter aux portes.

LARIGOT. Ah ! bah ! ce mal-là ne fait de mal à personne... si ce n'est à mes oreilles, quand je suis pris. Mais, du reste, c'est très-amusant. C'est en écoutant aux portes que j'ai appris la drôle d'affaire du meunier. (*S'asseyant nonchalamment sur le coin de la table, à gauche.*) Vous savez, l'affaire du sac de farine... et puis l'aventure du magister... et puis le désagrément de la mère Mathurine. En voilà un de désagrément ! La police qui a découvert que ses vaches ne lui donnaient plus que de l'eau de rivière.

MOUFLON, *dans la coulisse.* Larigot ! Larigot !

LARIGOT. Vous voyez bien qu'il n'y a pas moyen de muser une minute. (*Répondant en s'en allant.*) Voilà, voilà ! C'est trop d'ouvrage, en vérité, pour un pauvre garçon d'auberge. J'accours, notre maître ; je m'hâte d'accourir. (*Revenant sur ses pas.*) A propos, monsieur Braconneau, vous ne savez pas ?... Non, vous ne savez pas... Il nous est arrivé, ce matin, deux voyageurs : un jeune et un vieux ; — des artistes, des inconnus... qui ont l'air joliment je ne sais quoi. (*En disant cela, il s'est penché vers Braconneau, les deux mains appuyées sur le côté gauche de la table, et ne voit pas entrer Mouflon qui, survenant par la porte de gauche, lui donne un coup de pied dans le derrière.*)

SCÈNE II.

LES PRÉCÉDENTS, MOUFLON.

MOUFLON. Obéiras-tu, pendard ? Voilà une heure que je t'appelle.

LARIGOT, *se réfugiant dans un des coins de la salle.* Eh bien ! quoi ! qu'est-ce ! j'accourais à toutes jambes ; demandez plutôt à M. Braconneau.

MOUFLON. Point de réplique. Va-t-en chercher des fagots pour la cuisine.

LARIGOT, *s'en allant. (A part.)* C'est ça : travaille et tais-toi, pauvre Larigot ; tu respireras demain, si on t'en laisse le temps.

SCÈNE III.

MOUFLON, BRACONNEAU.

BRACONNEAU. Je n'ai jamais rencontré un pareil bavard.

MOUFLON. Vous pouvez ajouter : ni un drôle aussi indiscret. Il faut qu'il voie tout, qu'il écoute tout, qu'il s'informe de tout, qu'il mette son nez partout. Mais, parlons d'autre chose. Avez-vous lu cette terrible histoire de brigands dont il est question dans la gazette ?

BRACONNEAU. Larigot ne m'a pas même laissé le temps de déployer ce papier public.

MOUFLON. Ça vous regarde pourtant, avant tout autre, vous, intrépide et vertueux garde-champêtre. Une bande de malfaiteurs à arrêter. Nous allons voir les détails. M. Tremblotin, notre estimable maire, en était encore tout épouvanté, lorsqu'il m'a apporté le journal que voici.

BRACONNEAU. Eh bien, lisez-nous cet intéressant article.

MOUFLON, *s'asseyant en regard de Braconneau, de l'autre côté de la table, et déployant la gazette.* Le voici justement : je tombe dessus. « Le 17 du présent mois « d'octobre 1816, un crime horrible a été « commis, pendant la nuit, dans le village « de Viéville, petite commune du départe- « ment de la Somme. Un aubergiste et sa « femme ont été assassinés par des bri- « gands qu'on dit organisés en une bande « redoutable et qui ont jeté la terreur dans « le pays. L'auberge a été complètement « dévalisée, et l'on a constaté que les « brigands, avant de se retirer, se sont « livrés, dans la cave, à une longue orgie. « Grâce à l'énergie et à la sollicitude de « l'autorité judiciaire, on n'a pu encore « mettre la main sur aucun de ces mal- « faiteurs. »

BRACONNEAU, *étonné.* Qu'est-ce que vous dites, donc ?

MOUFLON. Je lis : « Grâce à l'énergie et « à la sollicitude de l'autorité judiciaire, « on n'a pu encore mettre la main sur au- « cun de ces malfaiteurs. »

BRACONNEAU. Mais cet article est sédi-tieux, et calomniateur... Suspecter ainsi l'autorité judiciaire, et supposer qu'elle protège les malfaiteurs.... C'est un délit que ma bandoulière ne peut tolérer, et, quoique je ne sois pas du ressort de cette localité, il est de mon devoir de verbali-ser. Passez-moi cette criminelle gazette, afin que je constate par moi-même… (*Il lit.*) « Grâce à l'énergie et à la sollicitude « de l'autorité judiciaire »… (*Cessant de lire.*) Ça y est.

MOUFLON. Parbleu ! je ne l'avais pas inventé.

BRACONNEAU, *continuant de lire.* … « à la « sollicitude de l'autorité judiciaire, des « recherches actives ont été immédiatement « commencées, mais… on n'a pu encore « mettre la main sur aucun de ces malfai- « teurs. » (*Cessant de lire.*) A la bonne heure ! je comprends : des recherches ont été commencées ; mais, on n'a pu encore, etc… Vous aviez passé une ligne, maître Mouflon, et vous rendiez ainsi la justice complice des coupables. Vous voyez comment, faute d'une ligne, quelquefois même, faute d'un point sur un i, on peut ébranler la société jusque dans ses fondements.

MOUFLON, *qui s'est retourné subitement du côté de la porte d'entrée.* Je croyais avoir entendu ouvrir la porte. Poursuivez la lecture de cette affreuse relation.

BRACONNEAU. Soit ! je tâcherai de ne rien passer. (*Lisant.*) « Cependant, on espère « être bientôt sur leurs traces. Il paraît que « cette bande redoutable est organisée « sous la conduite d'un jeune homme aux « manières distinguées et aristocratiques, « qui, au besoin, n'hésite pas à s'introduire « jusque dans les meilleures sociétés. De- « puis quelques jours, du reste, on l'avait « aperçu dans le village, en compagnie « d'un vieillard mal famé de la localité, « et qu'on appelait le Septembriseur, à « cause de sa participation aux massacres « de septembre, pendant la révolution. Ce « qui confirme les soupçons, c'est que, de- « puis le moment du crime, le Septembri- « seur n'a plus reparu dans le village. En « conséquence, le parquet du ressort invite « toutes les autorités civiles et judiciaires « à surveiller, et, au besoin, à arrêter les « individus étrangers dont les allures pour- « raient leur paraître suspectes… »

MOUFLON, *se retournant encore brusquement du côté de la porte.* Décidément, il y a là quelqu'un : je parie que c'est mon gredin de Larigot, qui, collé derrière cette porte, nous écoute de toutes ses oreilles… Je vais bien voir… (*Il va sur la pointe des pieds jusqu'à la porte, qu'il ouvre subitement, et saisit par l'oreille Larigot, qui s'y trouvait aux écoutes.*)

SCÈNE IV.

LES PRÉCÉDENTS, LARIGOT.

MOUFLON. Ah ! maraud, pendard, je t'y prends encore.

LARIGOT. Ahi ! ahi ! ahi ! Ce n'est pas moi, notre maître… ce n'est pas moi…

MOUFLON. Comment ! ce n'est pas toi ? vaurien !

LARIGOT. Ahi ! ahi ! Notre maître, s'il vous plaît, ne tirez pas si fort. Ahi ! ahi ! Rendez-moi mon oreille, je veux avoir mon oreille.

MOUFLON, *sans le lâcher et l'amenant sur le devant de la scène.* Mais, ce n'est pas ton oreille… puisque ce n'est pas toi.

LARIGOT. Hélas ! je sens bien que c'est moi. Pardon, notre maître, ça ne m'arrivera plus.

MOUFLON. Ça t'arrivera, tant que tu auras des oreilles… Garde-champêtre, prêtez-moi votre sabre, je vais le délivrer de ces deux tuyaux indiscrets.

LARIGOT, *à genoux.* Ah ! maître Mouflon, bouchez-les, tamponnez-les, mais ne les coupez pas…

BRACONNEAU. Cousin Mouflon, montrez-vous débonnaire… Larigot promet que cela ne lui arrivera plus : pardonnez-lui ; mais, s'il manque à sa parole, je jure par mon sabre, par ma bandoulière et par ma cocarde, que je lui administrerai le plus terrible procès-verbal que j'aie dressé de ma vie.

MOUFLON. A ces conditions-là, je lui pardonne. (*A Larigot.*) Mais, tu l'entends : si tu t'avises encore d'écouter aux portes… C'est convenu, n'en parlons plus. Mais, dis-moi si tu as préparé la chambre de nos voyageurs.

LARIGOT. A propos ! vous verrez que je l'ai oublié. Ah ! mon Dieu, oui ; je l'ai purement et simplement oublié. Mais aussi, dans cette auberge, on a tant d'occupations, tant de sujets de distrac- tion… (*Il se frotte les oreilles.*)

MOUFLON. Tant mieux ! morbleu ! c'est qu'elle est bien achalandée. Dame ! toutes les auberges n'ont pas autant de renom que la mienne. Elle est située avantageuse- ment sur la grand'route, et puis : à l'en- seigne du Joli-Garçon… ça saute aux yeux, ça… c'est original.

LARIGOT. Ah ! bien oui ! il est beau votre joli garçon… je n'ai jamais rien vu de si laid. Aussi disent-ils, dans le village, que c'est votre portrait purement et simplement que vous avez pris pour enseigne.

MOUFLON. Est-il insolent, ce bavard-là ? Te tairas-tu, vaurien ? Voyons ; que fais-tu là ? Tu devrais être à l'ouvrage... tu devrais avoir fait les lits de nos voyageurs et approprié leur chambre. Ils vont revenir... soigne les bien, car ils ont l'air de braves gens.

LARIGOT. Ah !... vous prenez ça pour des braves gens... vous n'êtes pas difficile... des inconnus qui viennent on ne sait d'où, qui ont l'air de se moquer de moi, et qui vous ont des mines, ah !... le vieux surtout... quels yeux de crocodile ! quelle figure hypocrite ! Et puis un baragouin : c'est à peine si on peut le comprendre. Et puis... un métier. Il se dit marchand, et il garde enfermé dans sa malle, un tas d'objets de toutes espèces : des petites figures en bois, en bronze, en ivoire ; des médaillons, des montres, des tabatières... des reliquaires précieux, des vases d'autel, des flambeaux, des encensoirs... Enfin, il aurait dépouillé toutes les églises du pays, qu'il ne serait pas mieux fourni.

BRACONNEAU. Mouflon, ce que dit Larigot est-il exact ?

MOUFLON. Il ne se trompe pas. Ce voyageur est, paraît-il, un juif allemand... qui vend et achète des objets de curiosité.

BRACONNEAU, *prenant un air sérieux.* Un juif... et dites-moi ; ces objets qu'il vend et achète, êtes-vous sûr qu'il a l'habitude de les payer ?

LARIGOT. C'est ça... voilà la question... Etes-vous sûr qu'il a payé ce qu'il a dans sa malle ?

MOUFLON, *commençant à s'inquiéter.* Comment voulez-vous que je sâche... Mais cet animal de Larigot avait bien besoin de... Tu es un sot, Larigot... un poltron, un mal-avisé ; et tu ferais bien mieux de t'occuper de ton service, que de venir nous mettre martel en tête... Allons, liasse-nous, et, sans plus tarder, va préparer les lits.

LARIGOT, *s'en allant.* Je persiste dans mon idée... je n'aime pas ces inconnus qui courent les grands chemins... Si un jour je tiens une auberge, il est sûr et certain que personne n'y sera reçu que sur un certificat de bonnes vie et mœurs. (*Il entre dans la chambre à droite.*)

SCÈNE V.

MOUFLON, BRACONNEAU.

MOUFLON, *plus inquiet.* Qu'est-ce que j'ai donc ? Qu'est-ce qui me prend là, tout-à-coup ?

BRACONNEAU. Je parie que vous n'êtes pas tranquille ?

MOUFLON. Ces idées saugrenues de Larigot ; cette histoire que nous venons de lire dans la gazette... votre figure, elle-même, qui, depuis un moment, a pris un air soucieux et solennel... Tout cela, je l'avoue, m'inspire des réflexions... et, pourtant, c'est bête, c'est très-bête ! car, comme je le disais tout-à-l'heure, ces voyageurs ont l'air d'honnêtes gens. Mais, justement, les voici.

BRACONNEAU. Cela tombe bien : je suis malin, je vais les faire causer, et nous saurons bientôt à quoi nous en tenir.

SCÈNE VI.

JÉROBOAM, GUSTAVE, MOUFLON, BRACONNEAU.

GUSTAVE, *un album sous le bras.* Monsieur l'aubergiste, nous venons de faire une promenade, de jeter un coup d'œil sur le pays, qui me paraît charmant. Maintenant, nous sommes un peu fatigués, et nous désirerions souper de bonne heure, afin de nous coucher de même, et de réparer nos forces par une bonne et longue nuit de sommeil.

MOUFLON. On prépare le souper de ces messieurs ; je vais d'ailleurs y veiller moi-même.

BRACONNEAU, *passant devant Mouflon pour se placer auprès de Gustave.* Monsieur trouve le pays charmant : je vois qu'il est connaisseur.

GUSTAVE. J'aime les sites pittoresques, les pays boisés et accidentés.

BRACONNEAU, *avec suffisance.* Je devine déjà que Monsieur est agent-voyer.

GUSTAVE. Au contraire, Monsieur, au contraire ; je suis artiste... peintre paysagiste. (*A part.*) Ce garde-champêtre m'a l'air d'un imbécile.

BRACONNEAU. C'est ce que je voulais dire. (*Bas à Mouflon.*) Je viens de découvrir qu'il est peintre en paysage.

MOUFLON. C'est la première chose qu'il m'a dite ce matin.

BRACONNEAU, *d'un ton emphatique.* Je vais peut-être vous étonner, Messieurs ; mais, enfin , il faut bien que je l'avoue , le ciel m'a doué d'une perspicacité très-pénétrante ; et , grâce à cette perspicacité , j'ai entrevu que Monsieur est marchand.

JÉROBOAM. (*) Ia, ché zouis une honnête marchand de bédites couriossités. Ché bargours les gambagnes et ch'agette les opchets courieux qué jé rencontre , et ché paye touchours, touchours comptant.

GUSTAVE. Oh ! tous les amateurs, à Paris, et même dans la province, connaissent avantageusement M. Jéroboam.

MOUFLON. Jéroboam ! Bon Dieu !. quel nom vous avez là !

JÉROBOAM. C'est celui de mes pères.

GUSTAVE. Monsieur est un juif allemand.

BRACONNEAU, *à Gustave.* Je me plais à supposer que Monsieur n'est ni son parent, ni son allié ?

GUSTAVE. Vous devez le voir ; cela est évident. Je suis amateur de peinture ; dans mon voyage artistique, j'ai rencontré ce bon vieux Jéroboam, qui m'a demandé la permission de m'accompagner. Or, quoique bon chrétien , j'ai accepté pour compagnon de voyage le fils d'Israël. Nous sommes des chercheurs : nous pouvions nous associer ; moi, pour aller à la découverte des sites pittoresques ; lui , pour récolter les objets précieux qui , depuis la révolution et le pillage des châteaux, ainsi que des monastères, se trouvent en abondance dans les chaumières.

JÉROBOAM. Ia : l'enfant d'Israël il a saufé du naufrache les débris des chefs-d'œufre que les chrétiens de 93 ils ont mutilés , brissés et foulu anéantir... Mais, permettez. (*Il passe devant Gustave, pour se placer près de Braconneau.*) Ché pressume, d'après la poignée de fotre sapre, que le lame il n'est bas français.

BRACONNEAU *tire son sabre et le montre à Jéroboam.* C'est un sabre qui fut rapporté de la campagne d'Egypte par un vieux soldat de cette expédition. Après la mort du grognard , les héritiers m'ont vendu ce sabre. Je l'ai payé trois francs.

JÉROBOAM. Fichtre ! fous l'afez payé cher ; mais c'est écal, si fous foulez me le céder au prix coûtant, ché fous en délifrerai.

BRACONNEAU. Non pas. Quand même vous m'en offririez dix francs , je ne sais si je vous le céderais à ce prix.

JÉROBOAM. Tix francs ! Mais pensez donc que le lame il né faut rien ; il n'y a de pon que la poignée. Pourtant, montrez-moi fotre sapre. (*Il examine surtout la lame du sabre, qui doit être très-courbée.*) Allons , fous êtes pien exichant... Ché passerai par là.

BRACONNEAU. Mais non ! mais non ! Cela ne me suffit pas ; j'en veux vingt francs. (*A part.*) Peste ! je suis aussi malin que mon juif , et je prétends l'attraper.

JÉROBOAM. Fingt francs... Dieu d'Israël ! Fingt francs, un poignée de sapre ! (*Après un moment de réflexion.*) Allons , fous faites du paufre Jéroboam tout ce que fous foulez.

BRACONNEAU, *avec une feinte indifférence.* Eh bien , tenez, toute réflexion faite, je garde mon sabre.

JÉROBOAM. Et fous faites pien, car il ne faut guère plus que les trois francs qu'il fous a coûtés. (*Après un autre moment de réflexion.*) Montrez-moi votre sapre une ternière fois. (*Il l'examine, et tirant un louis de son gousset, il le présente d'une main à Braconneau en mettant en regard, de l'autre, le sabre.* Maintenant, choisissez... c'est à prentre ou à laisser. Une louis d'or de fingt-quatre francs ou le fieux sapre de l'Echyptien.

BRACONNEAU, *saisissant avidement la pièce d'or.* Le sabre est à vous. (*Bas à Mouflon.*) Cette fois , c'est le chrétien qui a écorché le juif.

JÉROBOAM, *bas à Gustave.* Le tour il est choué ! Une magnifique et précieuse lame de Damas ! Ch'en aurai cent francs ; c'est soixante-seize francs de cagné (*Haut.*) Monsieur le carte-jambêtre, fous êtes pien atroit, et fous m'afez folé.

BRACONNEAU, *bas à Mouflon.* Je viens de découvrir qu'il est facile à duper, mais qu'il paie bien ce qu'il achète. Vous pouvez être tranquille ; c'est un honnête homme.

MOUFLON, *de même.* J'en étais sûr.

En ce moment, la cocarde blanche qui était au chapeau de Braconneau se détache et tombe à terre.

JÉROBOAM. Monsieur le carte, fous laissez tomper fotre cocarte.

BRACONNEAU, *ramassant la cocarde.* Ah ! peste ! ne perdons pas cela. Bien obligé , monsieur Jéroboam ! Un sabre et une cocarde de moins, ç'aurait été trop pour une fois.

(*) L'acteur qui joue ce rôle, doit affecter un accent étranger, ainsi qu'un air doucereux et sournois.

GUSTAVE. Vous finiriez par n'être plus un garde-champêtre.

La cocarde étant blanche d'un côté et tricolore de l'autre, Braconneau, par mégarde, l'a replacée mettant le côté tricolore en évidence.

MOUFLON. Qu'est-ce que vous faites donc cousin ? Vous arborez une cocarde tricolore, à présent ? Songez donc que nous sommes en 1816. Remettez votre cocarde blanche.

BRACONNEAU. C'est la même ; blanche d'un côté, tricolore de l'autre. J'ai imaginé cela pour ne pas me ruiner en cocardes. Nous vivons dans un temps où on en fait une terrible consommation. Calculez donc : en 1813, cocarde tricolore ! en 1814, cocarde blanche ! pendant les Cent-Jours, cocarde tricolore ! fin 1815, cocarde blanche ! Dieu seul sait quand ce jeu-là finira. Par précaution, je me suis muni des deux couleurs à la fois, dont l'une est la doublure de l'autre ; de sorte que, quoi qu'il advienne à l'avenir, je pourrai toujours me vanter de rester fidèle à ma cocarde.

GUSTAVE. M. Braconneau, vous êtes un homme d'esprit... mais cela ne doit pas nous faire oublier le souper.

MOUFLON. Je vais le faire servir. Dans un instant, on vous appellera.

Mouflon et Braconneau sortent.

SCÈNE VII.

JÉROBOAM, GUSTAVE.

JÉROBOAM, *examinant le sabre qu'il vient d'acheter.* Ché crois que le carte-jambêtre il est content de son marché... et moi aussi ch'en souis pien content. Mais ché ne me porne pas à acheter des sapres ; ché récherche écalement les cholis dessins. Si fous afiez tans fotre album quelque chose de confenaple à mon bétit commerce...

GUSTAVE, *ouvrant l'album sur la table.* Voyez-y, monsieur Jéroboam ; mais je n'ai ici que des esquisses bien indifférentes pour le commerce.

JÉROBOAM, *parcourant l'album.* En effet, ce sont des études de paysages... Eh ! eh ! foici autre chose. Une joli tessin... un guerrier crec... et dans lé lointoin, une crante chéval et des soltats qui entrent dans son fentre. C'est choli, ça ; c'est pien

choli ! Mais pourquoi un chéfal avec son fentre oufert ?

GUSTAVE. C'est le cheval de Troie. Vous voyez là le costume que je portais un jour dans une tragédie où je jouais le rôle d'un des chefs grecs, faisant le siége de Troie. Je suis représenté au moment où je haranguais mes soldats :

Intrépides guerriers, compagnons de ma gloire...

Je me souviens encore de ma harangue.

JÉROBOAM. Foyons tonc la haranque... moi, ch'aime beaucoup la téclamation théâtrale. C'hai choué aussi la comédie... en Allemagne.

GUSTAVE. Et vous la jouez même souvent en France, n'est-ce pas, monsieur Jéroboam ; par exemple, pour décrocher un sabre du baudrier d'un garde-champêtre.

JÉROBOAM. On fait comme on peut. Mais je vous en prie, téclamez-moi la haranque... téclamez-la.

GUSTAVE. Ah ! mon Dieu ! si ça peut vous faire plaisir... Je me rappelle d'ailleurs volontiers mes souvenirs de jeune âge.

Larigot entr'ouvre la porte de droite, sans voir les acteurs et sans en être vu.

SCÈNE VIII.

LES PRÉCÉDENTS, LARIGOT.

LARIGOT, *derrière la porte.* Il me semble que j'entends parler nos voyageurs. Ecoutons encore une petite fois : ce sera la dernière.

GUSTAVE, *prenant une pose théâtrale.* L'armée est réunie autour de moi ; et je montre aux plus intrépides le fameux cheval de bois.

LARIGOT, *à part.* Une armée réunie... un cheval... peut être le vieux cornard de notre écurie. Qu'est-ce que ça signifie ?

GUSTAVE, *déclamant.*

Intrépides guerriers, compagnons de ma gloire,
O vous dont la valeur appelle la victoire,
Venez, rassemblez-vous...

LARIGOT, *à part.* Il rassemble des hommes armés !

GUSTAVE.

Venez, rassemblez-vous ; dans ces flancs caver-
[neux
Entrez tous en silence...

LARIGOT, *à part.* Il veut les faire descendre dans la cave !

GUSTAVE, *déclamant toujours*,

... Et lorsque sur les cieux
La nuit aura jeté le voile de ses ombres,
Vous sortirez armés, de ces cavités sombres.

LARIGOT, *à part*. O ciel ! ce sont des brigands.

GUSTAVE.

Par l'ennemi lui-même ; en ces murs introduits,
Nous renverserons tout, jusqu'aux moindres ré-
[duits.

LARIGOT, *à part*. Même l'écurie du cornard.

GUSTAVE.

Et chargés du butin, prix de votre courage,
De la Grèce, bientôt, nous verrons le rivage.

LARIGOT. Ils se sauveront en pays étranger.

JÉROBOAM. Très-pien ! très-pien ! Pravo !

LARIGOT, *à part*. Ah ! le vieux gueux ! Je suis mort de peur. (*Il referme la porte.*)

SCÈNE IX.

MOUFLON, JÉROBOAM, GUSTAVE.

MOUFLON. Messieurs, votre souper est servi. Veuillez passer à la salle à manger.

JÉROBOAM. Pien folontiers !

MOUFLON. Je vais à la cave : quel vin ces Messieurs désirent-ils ?

GUSTAVE. Eh ! parbleu ! celui que vous avez.

MOUFLON. J'en ai tant ! depuis le simple Bordeaux jusqu'au Chambertin, jusqu'au Côte-Rôtie... au Clos-Vougeot.

GUSTAVE. Comme vous y allez ! Mais, monsieur Mouflon, vous êtes donc bien riche ? Quelle auberge ! En effet, tout ici annonce l'aisance et le confortable... et de pareils vins dans la cave, supposent de gros écus dans le coffre-fort.

MOUFLON, *à part*. Des écus ! Le coffre-fort ! Pourquoi pense-t-il à cela ?

GUSTAVE. Monsieur Mouflon, vous faites le modeste ! je suis sûr que vous êtes riche... Apportez-nous donc du bon vin... nous allons souper.

Gustave et Jéroboam sortent.

SCÈNE X.

MOUFLON ET LARIGOT.

LARIGOT, *sortant de la chambre, à droite, pâle et dans une grande agitation.* Maître Mouflon, n'allez pas à la cave. (*Il l'arrête par le bras.*) N'y allez pas... vous seriez... un homme perdu...

MOUFLON. Qu'est-ce ? Qu'y a-t-il donc encore, imbécile ?

LARIGOT, *se soutenant à peine*. Ce qu'il y a... nous allons être assassinés... cette nuit... Couiq ! étranglés, et le cornard aussi.

MOUFLON. Tu es devenu fou... C'est égal, je sens que ça me gagne... Ces étrangers...

LARIGOT. Parlons bas... Ce sont des brigands : les chefs de la bande.

MOUFLON. Je commençais à m'en douter.

LARIGOT. I... i... i... ils ont caché les autres dans la cave.

MOUFLON. Comment ! les autres ?

LARIGOT. Oui, leur armée... tous scélérats intrépides... et quand la nuit sera venue, quand tout sera « dans l'ombre », ils sortiront de la cave... « sombre », avec leurs armes chargées à mitraille, avec des sabres longs comme ça.

MOUFLON. Miséricorde ! Tu les a vus, Larigot ?

LARIGOT. Mieux que cela, maître Mouflon... je les ai entendus... de mes deux oreilles, que vous vouliez m'arracher. Caché là, derrière cette porte, et ne pouvant les voir, je ne les ai pas comptés... mais ils sont au moins dix, et le chef... le jeune peintre, qui leur a promis le pillage... et le vieux juif, qui criait : « bravo ! c'est bien ! » Ah ! les scélérats, les scélérats !

MOUFLON. Mais... par où sont-ils entrés ? Je n'ai rien vu.

LARIGOT. Eh ! morguenne, par la fenêtre, sans doute. Est-ce que des gens pareils entrent quelquefois par la porte ?

MOUFLON. Je n'ai plus la force de me soutenir. Larigot, avance-moi une chaise... Larigot, si nous appelions au secours ; si nous criions au voleur ?

LARIGOT. Gardons-nous en bien. Ils seraient les premiers arrivés et... ils nous couperaient le sifflet.

MOUFLON. Et dire que le garde-champêtre vient de me quitter. Mais, au fait ! que pourrait-il, maintenant, le pauvre Braconneau... seul et privé de son sabre... Ah ! je comprends pourquoi ce damné juif le lui a payé si cher ; il s'agissait de désarmer la force publique... Et Braconneau a donné dans le piége ; il a cédé son sabre !... et, pourtant, nous venions de lire dans la gazette... Ce sont les mêmes, bien sûr ; c'est la bande de Viéville qui s'est abattue sur mon auberge. Larigot, nous ne pouvons pas, consciencieusement, nous laisser étrangler ainsi. Reste dans cette chambre; soigne la maison, tandis que j'irai chercher du secours.

LARIGOT. J'irai avec vous.

MOUFLON. Non pas... ils sont capables, si nous quittons tous les deux, de mettre le feu à l'auberge.

On entend Gustave appeler dans la coulisse: Larigot! Larigot! Monsieur Mouflon! apportez donc du vin.

LARIGOT, *à Mouflon.* Pas si bêtes! Sauvons-nous; je vais avec vous.

MOUFLON. Soit. Nous sortirons par cette fenêtre, pour éviter leur rencontre; mais une fois dehors, tu ne t'éloigneras pas, tu veilleras... et tu pourras du moins voir ce qui se passe.

LARIGOT. Vous veillerez vous-même, notre maître... moi, je me charge de rassembler et d'amener tout le village.

MOUFLON. Soit encore, puisque tu as si peur, et que tu ne veux rien entendre. Sortons avec précaution.

Ils sortent par la fenêtre qu'ils laissent ouverte.

SCÈNE XI.

GUSTAVE ET QUELQUEFOIS MOUFLON
QUI PARAÎT A LA FENÊTRE.

GUSTAVE, *appelant.* Allons donc! Larigot! Monsieur Mouflon! Ohé! ohé! l'aubergiste... Il ne revient pas de sa cave. *(Allant crier à la porte de la cave.)* Maître Mouflon! êtes-vous là? Nous attendons votre vin. *(Revenant sur le devant de la scène.)* Voilà qui est singulier; personne ne répond. Ma foi! à la guerre comme à la guerre; je me servirai moi-même, et ce serait jouer de malheur, si, dans cette cave, je ne parvenais pas à trouver, à tâtons, une bouteille d'un vin quelconque. *(Il descend dans la cave.)*

MOUFLON, *qui, tout en se dissimulant de son mieux, a suivi, en regardant par la fenêtre, les mouvements de Gustave.* Le voilà... lui... le chef de la bande... Le voilà qui va rejoindre ses camarades, son armée de brigands... Ah! si j'osais m'exposer... si j'osais entrer pour l'enfermer dans sa caverne!... Allons, du courage! je me risque, je me dévoue! *(Il enjambe l'appui de la fenêtre et rentre avec précaution dans la chambre. Puis ferme la porte de la cave et tire le lourd verrou qui sert*

de serrure.) Les voilà coffrés. Cela les tiendra en respect jusqu'à l'arrivée des secours que Larigot est allé chercher.

GUSTAVE, *à l'intérieur, frappant contre la porte de la cave.* Monsieur Mouflon! Oh eh, Larigot! Eh! Ohé! tout le monde, je suis enfermé. Ouvrez donc. *(Il frappe et crie de plus belle.)*

MOUFLON, *à part.* Oui; frappe, crie, fais tapage. Quant à moi: motus, silence; je fais le mort.

GUSTAVE. Mouflon! Maître Mouflon! Gredin de Mouflon! Scélérat de Larigot! ouvrirez-vous... Oh là! je suis enfermé dans votre cave.

MOUFLON, *à part, et sur le devant de la scène.* Parbleu! je le sais bien.

GUSTAVE. Venez donc me délivrer.

MOUFLON, *à part.* Parbleu! je n'en ferai rien. *(Il va écouter à l'entrée de la cave.)* Il est descendu... Il va peut-être essayer de sortir par un soupirail... Et notre monde qui n'arrive pas! *(Voyant entrer Jéroboam.)* Ah! bien! voilà l'autre, à présent.

SCÈNE XII.

JÉROBOAM, MOUFLON.

JÉROBOAM, *tenant négligemment à la main le sabre qu'il a acheté de Braconneau. Se croyant seul.* Qu'est-ce que fait tonc mon tiaple de gombagnon de foyache? il ne refient pas; et les chens de la maison... ils se tonnaient le mot pour me laisser souper tout seul. Un souper sans poire... ché meurs de soif; ché n'ai plus faim. *(Apercevant Mouflon.)* Ah! pon! ché tiens tu moins l'auperchiste. *(Il va droit à Mouflon qui, frappé d'épouvante, se sauve à l'autre bout de la chambre et, pendant toute cette scène, cherche sans cesse à s'esquiver.)* Monsieur l'auperchiste, safez-fous où est M. Custafe? Che cherche M. Custafe... che fous cherche... che cherche une pouteille de fin.

MOUFLON, *troublé et s'esquivant toujours.* Je... je... je... Monsieur Jéroboam. *(A part.)* Je suis cuit... il va me plonger son sabre dans le ventre.

JÉROBOAM, *suivant Mouflon pas à pas, toujours le sabre à la main, mais avec négligence.* Auperchiste! Etes-fous defenu fou, auperchiste? ou fous moquez-fous te moi? Auperchiste, prenez carte à fous, si che me fache. (*Il fait le moulinet avec son sabre.*)

MOUFLON, *ne cessant de courir sur l'avant-scène.* O ciel ! ma dernière heure est arrivée. (*D'une voix éteinte.*) Au secours ! à l'assassin ! je suis mort !

JÉROBOAM, *s'arrêtant.* Allons, ché souis pien pon te pertre mon temps afec cet animal saufache. Cherchons moi-même après M. Custafe,.. Ché fais foir s'il n'est pas tans, la champre à coucher. (*Il entre dans la chambre de droite.*)

SCÈNE XIII.

MOUFLON ET PLUS TARD LARIGOT.

MOUFLON. Je suis plus mort que vif... j'ai cru qu'il allait me réduire en chair à pâté. Car c'est le Septembriseur, j'en suis sûr. Eh ! mais, quelle idée ! Enfermons le vieux brigand dans cette chambre, comme l'autre dans la cave. (*Il ferme le double tour de la serrure et met la clef dans sa poche.*) Le voilà sous clef ; les fenêtres de cet appartement sont grillées ; il ne pourra s'échapper... Voyons par le trou de la serrure, ce qu'il va faire, et si par hasard, il n'a pas là des complices cachés. (*Il regarde par la serrure. Au même instant, Larigot, qui est entré légèrement par la fenêtre, lui frappe, de la main, un coup sur l'épaule. Mouflon tombe à genoux, en poussant un grand cri.*) Ah ! ah ! mon Dieu... Grâce, grâce monsieur le brigand ! (*Reconnaissant Larigot.*) Comment, c'est toi imbécile !

LARIGOT. Oui, c'est moi ; et voici tout le village qui me suit.

MOUFLON. Dieu soit loué ! mais tu m'as fait une frayeur. J'avais cru que celui de la cave me tombait sur le dos.

SCÈNE XIV.

LES PRÉCÉDENTS, BRACONNEAU, HABITANTS DU VILLAGE, MUNIS DE FUSILS, DE FOURCHES, DE BATONS, ETC.

BRACONNEAU, *armé d'une pelle à feu, paraissant à la fenêtre.* Peut-on entrer ?

MOUFLON. Entrez, entrez bien vite, ô notre libérateur.

BRACONNEAU. Il n'y a pas de danger ?

MOUFLON. Puisque j'y suis... Venez et écoutez le récit de l'horrible événement...

BRACONNEAU, *entrant par la fenêtre.* Je suis au courant ; Larigot m'a fait sa déposition tout le long du chemin. (*Aux paysans.*) Entrez, vous autres, entrez tous ; et apportons beaucoup de circonspection dans nos démarches... (*Les paysans entrent.*) Et, d'abord, où sont les brigands ?

MOUFLON, *se redressant.* J'ai eu la présence d'esprit et le courage d'en enfermer une bande, avec l'un des chefs, dans le cellier.

BRACONNEAU. Bien ! très-bien, cela !

MOUFLON. Et une autre bande, avec le juif, vous savez ? dans cette chambre dont j'ai la clef dans ma poche.

BRACONNEAU. A merveille ! gardez-la... Et les autres ?

LARIGOT. Je présuperpose qu'ils sont à l'écurie... où ils auront éventré notre pauvre vieux cheval cornard, pour entrer dedans.

BRACONNEAU. Comment ! pour entrer dedans ?

LARIGOT. Sans doute... c'était leur projet ; j'en suis sûr, ils l'ont dit. Ils ne doivent en sortir qu'au milieu de la nuit.

BRACONNEAU. Quels horribles malfaiteurs !... Monsieur le maire n'est point encore ici. Il achève de prendre son café, et ne tardera pas à paraître... mais, en l'attendant, je crois pouvoir me permettre de prendre les dispositions les plus urgentes... Voyons : que les plus intrépides se présentent et se rangent devant moi, pour former une première colonne d'attaque. (*Des jeunes gens se rangent devant Braconneau.*)

MOUFLON. O cousin Braconneau, que nous sommes heureux d'avoir pour garde-champêtre, un ancien sergent de voltigeurs.

BRACONNEAU. Trois chevrons ! dix-sept campagnes, cinq coups de sabre, dont un en plein nez... Mais revenons à notre expédition... Jeunes gens, vous allez marcher en bataillon carré. (*A Mouflon.*) J'oubliais un coup de bayonnette tout au bas des reins ; je vous montrerai la cicatrice... (*Aux autres.*) Jeunes gens, vous allez vous diriger vers l'écurie du cornard, et vous cernerez ledit local, en en occupant toutes les issues. C'est dans la stricte observation de ce blocus(*), que vous attendrez les ordres de M. Tremblotin, notre prudent, notre

---

(*) Prononcez ici *blocu.*

sage , notre à jamais respectable magistrat municipal, qui prend, en ce moment, son café. (*Sur le ton de commandement.*) Ton (*)! par le flanc gauche, pas accéléré... arche ! (*Les jeunes gens s'en vont militairement par la porte de gauche.*) Maintenant, quatre factionnaires à la porte de la cave... quatre autres factionnaires à la porte de cette chambre... Citoyens , songez que votre tâche est belle et glorieuse ; car vous me répondez, sur vos têtes, des vingt ou quarante brigands ci-inclus (*Il désigne la cave.*), et y contenus. (*Il désigne la chambre à coucher.*) Mais, M. le maire se fait bien attendre. Sait-on à quel point ce fonctionnaire public en est de l'ingurgitation de son café ?... Nul ne répond , nul ne le sait... tout le monde l'ignore !... Attendons ; rien ne périclite. Je vais profiter de ce délai pour dresser, *hic et nunc*, procès-verbal de la situation critique où se trouve l'estimable cousin Mouflon, le plus honnête aubergiste de l'endroit, ce qui peut être d'autant moins contesté , qu'il est le seul qui s'adonne à ce métier hospitalier. (*Il s'assied devant la table, et tire de sa poche du papier et ce qu'il faut pour écrire.*) Cousin Mouflon , et toi , Larigot, écoutez attentivement, et rectifiez, au besoin, les dires de mon procès-verbal. (*Il parle en écrivant.*) « Le 28 octobre 1816, « moi, Jean-Ignace-Nicodème Braconneau, « garde-champêtre assermenté de la com- « mune de...» C'est affaire de formule , ceci... « me suis transporté de ma propre « personne, assisté des témoins soussi- « gnés, dans la demeure du sieur Mou- « flon, aubergiste à l'enseigne du Joli « Garçon, dont auquel j'ai reconnu et « constaté que son auberge était pleine de « brigands, depuis les pieds jusqu'à la « tête, dont le nombre pouvait s'élever « à... » Combien ?

MOUFLON. Larigot en a compté jusqu'à dix, dans la cave seulement.

LARIGOT. Peut-être plus, même.

BRACONNEAU. Pour rester dans la vérité, mettons vingt. (*Il écrit.*) « Vingt. » (*A Larigot.*) Et dans la chambre ?

LARIGOT. Je ne sais pas.

BRACONNEAU. Mettons également vingt... C'est très-probable ; cela fait quarante... Et dans l'écurie ?

LARIGOT. Je n'ai pas pu les compter.

BRACONNEAU, *écrivant.* « Quant à ceux de « l'écurie, le nombre en est incalculable... « le tout, sous la conduite d'un chef hor- « rible, déguisé en artiste peintre, et « d'un juif qui m'a escroqué mon sabre. »

UN PAYSAN, *annonçant.* M. le maire ! Voici M. le maire.

BRACONNEAU, *avec enthousiasme.* Dieu soit loué : il a pris son café !... Nous achèverons plus tard le susdit procès-verbal. Allons au plus pressé ; il ne serait pas honnête, il ne serait pas constitutionnel de faire attendre M. le maire.

SCÈNE XV.

LES PRÉCÉDENTS, TREMBLOTIN.

TOUS, *à l'entrée du maire.* C'est lui ! C'est M. le maire !

TREMBLOTIN, *d'un ton mielleux et d'une voix grêle et chevrotante.* Oui, mes amis, c'est moi, c'est Tremblotin, c'est votre maire; je pourrais même dire : c'est votre père ; et mieux encore : c'est votre père et maire qui vient se placer à votre tête pour procéder à l'arrestation de cette bande de malfaiteurs que l'enfer a vomis sur notre village. Serrez-vous autour de moi, et surtout, s'il y a combat, ne me laissez pas enlever.

BRACONNEAU. Monsieur le maire , nous attendons vos ordres.

TREMBLOTIN. Mes ordres ?

BRACONNEAU. Oui, commandez, et à l'instant vous serez obéi.

TREMBLOTIN. Eh bien ! je commande... que l'on fasse... tout ce qu'on voudra.

BRACONNEAU. Ceci nous laisse une certaine latitude. Je propose d'escalader d'abord la cave. Qui veut monter à l'assaut : je veux dire descendre à l'assaut de la cave ?

SCÈNE XVI.

LES PRÉCÉDENTS, GUSTAVE.

GUSTAVE, *d'abord derrière la porte de la cave.* Ouvrez... ouvrez... maudit Mouflon, veux-tu bien ouvrir?

MOUFLON. Vous l'entendez : c'est à moi, c'est à mon existence qu'on en veut. Sans doute, ils me croient encore seul.

BRACONNEAU. C'est le cas de les faire sortir, nous sommes en force. Rangeons-

---

(*) Ton ! Arche ! abréviations des mots Peloton et Marche.

nous tous pour les assommer à mesure qu'ils paraîtront.

TREMBLOTIN. Non pas !... pour les garotter : cela suffira. Préparez les cordes. Et vous, Mouflon, ouvrez leur la porte.

MOUFLON. Moi ! Dieu m'en garde ! Je ne suis pas fonctionnaire public... S'il y a un coup de poignard à recevoir, c'est au garde champêtre que ça revient de droit.

BRACONNEAU. Plus souvent !... Et monsieur le maire donc ?... est-ce qu'il est ici pour vivre de ses rentes ?

TREMBLOTIN, *épouvanté*. Eh bien ! par exemple... moi qui sors de table... Vous croyez que je vais troubler ma digestion ?

LARIGOT. Quel tas de lourdauds et de poltrons vous êtes... Moi, je me charge d'ôter le verrou et de disparaître avant qu'aucun des brigands n'ait mis le nez à l'air. Laissez-moi faire. (*Il approche avec précaution, ôte lestement le verrou et s'esquive de telle sorte qu'en reculant, il tombe renversé sur le garde-champêtre, qui tombe sur Mouflon, lequel tombe sur le maire, également renversé de ce choc, tandis que Gustave paraît hors du cellier et s'empêtre les jambes au milieu des personnages qui sont à terre* (*).

GUSTAVE. Enfin !... Eh mais ! qu'est-ce que cela signifie ? Pourquoi ces capucins de carte renversés sur le carreau ? Est-ce une plaisanterie ? Est-ce qu'on veut se moquer de moi ?

Larigot, Braconneau et Mouflon se relèvent lestement.

TREMBLOTIN, *demeuré assis par terre, à Gustave.* Silence ! vous n'avez pas la parole.

On relève Tremblotin avec force charges.

BRACONNEAU, *aux paysans.* Ficelez-moi ce coquin là. C'est le chef de la bande.

GUSTAVE. Le chef de la bande !... Pour qui me prenez-vous ?

MOUFLON. Il veut nous donner le change, mais je garantis son identité.

GUSTAVE. Je n'en reviens pas... Suis-je ici dans un hôpital de fous ?

TREMBLOTIN, *d'une voix très-aigüe.* Pas de réflexions ! Silence... je vous mets au secret... (*Aux paysans.*) Garrottez ce redoutable bandit. (*On entoure Gustave à qui, malgré ses efforts, on lie les mains derrière le dos.*)

GUSTAVE. C'est une infamie ! C'est un guet-à-pens. Vous êtes donc une horde de sauvages ou d'assassins ?

MOUFLON. Il lui sied bien de nous traiter d'assassins... Mais ne serait-il pas prudent de s'emparer du juif, de l'autre chef, qui s'est caché dans cette chambre ?

TREMBLOTIN. Sans aucun doute. Il faut pénétrer dans son repaire. Braconneau, pénétrez dans ce repaire.

BRACONNEAU. Pour cela, je requiers dix hommes bien armés, qui me précéderont et me serviront d'éclaireurs. (*Les hommes se présentent.*) Allons, cousin Mouflon, vous qui avez la clef de cette chambre, APERITE PORTAS. (*Mouflon ouvre et les paysans se précipitent dans la chambre.*)

(*A Tremblotin.*) Remarquez-vous, monsieur le maire, comment, d'une simple parole, j'ai su électriser ces paisibles villageois ? Je vois qu'ils feront parfaitement sans moi ; et tenez les voici qui ramènent l'abominable juif qui m'a extorqué mon sabre.

SCÈNE XVII.

LES PRÉCÉDENTS, JÉROBOAM.

JÉROBOAM, *à qui on a passé une corde au cou, et que l'on amène malgré lui.* Quoi ! quoi ! quoi ! quoi ! quoi ! (*) Pour quelle raisson me traite-t-on comme une criminel ?

TREMBLOTIN. Silence ! La justice et l'échafaud vous apprendront ce que vous avez fait ?

Gustave et Jéroboam essaient de parler, mais tout le monde crie : Silence ! silence ! Taisez-vous.

TREMBLOTIN. Puisque vous tenez tant à parler, je vous interrogerai tout-à-l'heure, alors, vous répondrez.

GUSTAVE. Vous êtes des impertinents.

TOUS. Silence !

TREMBLOTIN. Qu'on procède maintenant à l'arrestation de tous les autres bandits.

BRACONNEAU. Cherchez, furetez, fouillez dans la cave et dans tout le reste de la maison.

LE PAYSAN *qui tient Jéroboam lié par le cou.* Nous avons bien cherché dans la chambre d'où nous sortons. Je vous ré-

---

(*) Le régisseur placera les acteurs, pour cette scène, suivant la disposition du théâtre.

(*) En prononçant ces exclamations, l'acteur, sans imiter absolument le cri du corbeau, doit néanmoins y faire penser.

ponds qu'il ne s'y trouve pas l'ombre d'un brigand.

MOUFLON. C'est surtout dans le cellier qu'ils se sont cachés. Venez tous avec moi, j'en connais les détours. (*Mouflon descend dans la cave, suivi des paysans.*)

BRACONNEAU. Moi, je vais commander l'attaque de l'écurie. (*Il sort.*)

SCÈNE XVIII.

LARIGOT, TREMBLOTIN, GUSTAVE TENU PAR UN PAYSAN, JÉROBOAM TENU PAR UN AUTRE PAYSAN.

TREMBLOTIN. Eh bien ! qu'est-ce qu'ils font donc ? Les voilà tous partis, ils nous laissent quatre seulement contre ces deux brigands.

GUSTAVE. Eh parbleu ! vous m'y faites songer, monsieur le maire ; il faut que je vous étrangle. (*Il brise la corde qui lui liait les mains et s'élance sur Tremblotin avant que son gardien ait pu l'en empêcher.*)

TREMBLOTIN, *saisi par la cravate.* Secourez-moi... j'étouffe, il m'étrangle. (*Le gardien tire à lui Gustave qui ne lâche pas Tremblotin, tandis que Larigot s'efforce de dégager ce dernier, en le tirant par les pans réunis de sa rédingote. Cela doit occasionner, sur la scène, un grotesque mouvement de va-et-vient, tantôt à droite, tantôt à gauche.*) Larigot, tire-moi ; tire Larigot ! tire Larigot ! tire Larigot !

LE PAYSAN. A moi le brigand !

LARIGOT. A moi le maire !

TREMBLOTIN. Larigot, pour Dieu ! ne tire plus, Larigot ; ma tête va lui rester dans les mains.

JÉROBOAM. Ia, son tête il se décolle.

GUSTAVE, *tenant toujours Tremblotin par la cravate.* Prenez garde à vous ! Si vous n'ordonnez à vos hommes de nous laisser en liberté, je vous tords le cou à l'instant.

TREMBLOTIN, qu'on les mette en liberté : il le ferait comme il le dit.

SCÈNE XIX.

LES PRÉCÉDENTS, MOUFLON, PAYSANS SORTANT DE LA CAVE A LA SUITE DE MOUFLON, BRACONNEAU, PAYSANS ENTRANT PAR LA PORTE DE GAUCHE A LA SUITE DE BRACONNEAU, VERBAL ET CASSENOIX.

BRACONNEAU. Monsieur le maire, nous n'avons trouvé, dans l'écurie, que le vieux cheval qui ronflait de tout son cœur.

MOUFLON. Nous n'avons pas mieux réussi : pas une âme dans le cellier.

BRACONNEAU. Alors, que nous a donc chanté ce polisson de Larigot ?

LARIGOT. Dame !... s'ils se sont sauvés, ce n'est pas ma faute. Et puis rien ne prouve que les brigands ne soient pas là. J'ai entendu dire par le berger du village, qui est un peu sorcier, qu'il y a des moyens diaboliques de se rendre invisible. Si, par hasard, ils ont ce secret-là...

BRACONNEAU. Dans ce cas, il nous reste une ressource, c'est de mettre le feu à la maison. Nous forcerons bien ces brigands invisibles à déguerpir.

MOUFLON. Mais, je n'entends pas de cette oreille-là, moi. Brûler mon auberge pour en chasser des voleurs ! Votre remède serait pire que le mal.

BRACONNEAU, *à Cassenoix et à Verbal.* Qu'en dites-vous, messieurs les gardes-chasse ?

MOUFLON, *apercevant seulement les gardes qui se tenaient à l'écart.* Comment ! les gardes du château de Fonval !

GUSTAVE. Du château de Fonval !... de mon vieil oncle, le marquis de Fonval. Eh mais, en effet ; c'est Verbal... c'est Cassenoix. Ah ! mes braves, que vous arrivez à propos, pour me tirer d'affaire !

VERBAL. Monsieur Gustave ! Que faites-vous au milieu de tout ce vacarme et de cette foule assemblée ?

GUSTAVE. Je suis prisonnier.

JÉROBOAM. Ia, ché souis étranglé.

VERBAL. Expliquez-nous donc cette aventure. Nous étions loin de soupçonner votre embarras. Nous venons de conduire un braconnier dangereux à la ville prochaine, et nous retournions à Fonval, qui est à quatre lieues d'ici. C'est une bonne inspiration qui nous a fait entrer pour prendre un verre de vin.

TREMBLOTIN. Monsieur Gustave, je vois et je me plais à reconnaître qu'on nous avait induits en erreur. Je vous en fais mes profondes excuses.

GUSTAVE. Monsieur le maire ; vous êtes un maladroit.

MOUFLON. Moi, je proclame que vous êtes un honorable artiste ; je vous demande mille pardons, et je châtierai ce drôle de Larigot.

(*A ces mots, Larigot sort précipitamment.*)

GUSTAVE. Monsieur Mouflon, vous êtes un sot.

BRACONNEAU. C'est vrai ; Mouflon ne l'a pas volé. Et moi, monsieur Jéroboam, je déclare que c'est très-loyalement que vous m'avez acheté mon sabre ; et que vous l'avez payé en bonne monnaie de chrétien.

JÉROBOAM. Ia ! mais fous me l'afez fendu trop cher. Fous être une féritable prigand.

TREMBLOTIN. Ah ! ça, maître Mouflon, l'aubergiste du Joli-Garçon, c'est donc pour nous mystifier tous, que vous avez inventé vos brigands invisibles.

MOUFLON. Point, monsieur le maire. Voici le fait. J'allais paisiblement chercher une bouteille de bon vin pour ces messieurs, lorsque mon coquin de Larigot me dit tout effaré : n'allez pas à la cave !... et puis il se met à me conter qu'en écoutant derrière cette porte, il a entendu Monsieur (*Désignant Gustave.*) qui rassemblait des hommes armés, qui parlait de butin, de cheval.

GUSTAVE, *riant.* Ah ! j'y suis ! C'est une pièce de vers que je récitais au bon vieux Jéroboam.

JÉROBOAM. C'est frai ; les Crecs au siéche de Troie. Le tessin il est tans ce carton.

GUSTAVE. Voilà pourtant comme, dans le monde, une foule de gens qui écoutent aux portes ou s'adonnent aux cancans, entendent et comprennent de travers, répètent et médisent en exagérant, font des montagnes de la moindre chose, et finissent par compromettre le repos, la réputation, et souvent le bonheur d'honnêtes gens qui ne méritent, en réalité, que l'estime et l'affection publiques. Prenez-y garde, gens sans prudence et sans charité, vos langues sont des poignards plus criminels que l'arme d'un misérable qui tue pour avoir un morceau pain... vous n'avez pas même le prétexte de la faim.

TREMBLOTIN. J'admire la justesse de vos réflexions, monsieur Gustave, et je vous invite à venir prendre, ce soir, le café avec moi.

GUSTAVE. J'accepte, monsieur le maire... Mais je voudrais bien châtier ce mauvais drôle de Larigot.

MOUFLON. Oh ! ce serait bien fait... Voyons, cherchons quelque chose.

VERBAL. J'ai votre affaire... Je me charge de la leçon. Il faut seulement, pour cela, que tout le monde affirme et appuie ce que je dirai. Qu'on me l'amène.

BRACONNEAU. Il s'est sauvé dès qu'il a compris qu'il avait fait une bévue. Mais le voici justement.

SCÈNE XX.

LES PRÉCÉDENTS, LARIGOT.

MOUFLON. Arrive, malheureux... M. Verbal te demande.

VERBAL. C'est principalement pour lui que je suis ici. Messieurs, ce méchant polisson qui se cache à vos yeux sous les traits de Larigot, n'est point le véritable Larigot.

LARIGOT. Comment ! je ne suis pas Larigot.

TREMBLOTIN. Silence !... n'interrompez pas un agent de la force publique dans l'exercice de ses fonctions.

VERBAL. Le cadavre de Larigot a été trouvé dans une clairière du bois de Fonval, et l'autorité judiciaire a été informée par la rumeur publique qu'un faux Larigot, l'assassin présumé, était en service chez le sieur Mouflon, aubergiste.

MOUFLON, *à Braconneau.* Toujours le chef de la bande dont il est question dans la gazette.

TREMBLOTIN. J'ai lu l'article, et j'en ai attrapé un tremblement nerveux.

VERBAL. Ça ne m'étonne pas, vu la nature de votre tempérament. J'ai donc été délégué pour venir m'assurer de la personne du malfaiteur, ici présent.

LARIGOT. Moi, un malfaiteur ! Ah ! si l'on peut dire...

VERBAL. Nous allons voir, car je suis porteur du signalement. (*Il tire de sa poche un papier quil déploie.*) « Veste rouge. » C'est bien cela.

TOUS. Oui, c'est cela... Veste rouge !

VERBAL. « Longues oreilles et bouche en gueule de loup... » C'est encore ça.

TOUS. Quelles oreilles et quelle gueule !

VERBAL. « Yeux louches. »

LARIGOT. Mais je ne suis pas louche.

MOUFLON. Qu'en sais-tu, malheureux ? Est-ce qu'on peut voir cela soi-même ? Tu es louche, et je n'ai jamais rien vu de plus louche.

TOUS. Il est louche ! Il est louche !

VERBAL. « Lèvres garnies d'une énorme paire de moustaches. »

LARIGOT. Monsieur le maire, répondez vous-même : est-ce que j'ai des moustaches ?

JÉROBOAM. Ché crois pien qu'il n'a plus de mistaches ; il flent te les mettre tans sa poche.

TOUS. Nous l'avons vu.

VERBAL. Vous ne pouvez pas nier, à l'encontre d'un village tout entier qui affirme.

LARIGOT. Qu'on me fouille. Je veux être fouillé, et si l'on trouve sur moi des moustaches...

VERBAL, *fouillant dans la poche.* Ah ! parbleu ! voilà qui est mieux que des moustaches. C'est un mouchoir de poche, peut-être celui de l'infortuné Larigot.

LARIGOT. Fichtre ! je le crois bien.

VERBAL. Examinons s'il porte une marque... Précisément, Messieurs. On ne pense pas à tout. L'assassin a oublié de démarquer le mouchoir. Tenez, lisez... un E. et une L.

MOUFLON. C'est cela ! Etienne Larigot.

VERBAL. Vous le voyez : le criminel reste confondu, accablé par des preuves plus que suffisantes.

GUSTAVE. Cette enquête ne laisse place à aucun doute.

TOUS. Aucun doute.

TREMBLOTIN. L'assassin est devant nous ; il me fait horreur.

MOUFLON. Et moi qui l'avais pris pour un honnête garçon. Messieurs, je vous en prie, pendez-le... Pendez-le tout de suite, et qu'il n'en soit plus question. La mort de l'innocent Larigot sera vengée.

LARIGOT. Ah ça ! décidément, je ne suis donc pas Larigot ?

VERBAL. Le misérable ose encore prononcer le nom de sa victime. Mais écoutez la fin de mon mandat. (*Il lit.*) « Le susdit « criminel ayant été condamné à mort par « contumace, ledit Antoine Verbal, garde-« chasse de M. de Fonval, est chargé de « procéder à l'arrestation du coupable, et « même de le jeter bas d'un coup de feu, « s'il essaie de fuir ou de résister. » Or, le criminel ici présent ayant débuté par une fugue, il ne me reste plus qu'à le fusiller.

MOUFLON. J'aime encore mieux qu'il soit fusillé que de le voir pendu. Il serait capable de se décrocher.

LARIGOT. Ah ! mon Dieu ! mon Dieu ! Vous auriez le cœur de tirer sur un pauvre animal innocent... Car enfin je ne suis pas Larigot.

VERBAL. Il l'avoue, il n'est pas Larigot.

LARIGOT. Non, je me trompe. C'est le contraire que je voulais dire... Je n'ai plus la tête à moi... Grâce, Monsieur Verbal ; grâce, tout le monde.

VERBAL. Allons, qu'on en finisse. Bandez-lui les yeux avec le mouchoir volé et qu'il se mette à genoux. Ma carabine est chargée (*bas au maire*) à poudre seulement.

TREMBLOTIN, *de même.* En êtes-vous bien sûr ?

VERBAL. Oh ! parfaitement certain.

LARIGOT, *à genoux au fond de la salle.* Je suis d'avance mort de peur.

VERBAL. La loi l'ordonne : il faut obéir. (*A ces mots, il épaule sa carabine et tire sur Larigot. Celui-ci tombe affaissé sur lui-même, en introduisant une main sous son gilet comme pour désigner qu'il est blessé à la poitrine.*)

TOUS. Serait-il blessé !...

MOUFLON, *allant pour relever Larigot, et entr'ouvrant son gilet.* O ciel ! il est couvert de sang.

VERBAL, *épouvanté.* Du sang ! Qu'avez-vous dit !

GUSTAVE. Quel affreux événement ! (*Tout le monde s'empresse autour de Larigot, que l'on a placé sur une chaise et que l'on apporte sur le devant de la scène. — Consternation générale*).

TREMBLOTIN. Je reste frappé de stupeur. Et pourtant je vous avais mis sur vos gardes, monsieur Verbal... L'arme contenait une balle.

VERBAL. C'est fait de moi... je suis désespéré... Moi, meurtrier ! Qu'ai-je fait !

JÉROBOAM. Ché foulais pien une leçon ; mais pas si forte que celle-là.

GUSTAVE, *examinant Larigot dont la chemise est rougie de sang.* Je le crois frappé mortellement.

TOUS. O mon Dieu ! quel malheur ! quel malheur ! (*Signes de désespoir et de stupeur.*)

VERBAL. Monsieur le maire, il me reste à me constituer prisonnier entre vos mains ; je suis navré de douleur... (*Il tombe à genoux et lève les mains au ciel.*) O mon Dieu, pardonnez-moi. (*Puis se cache la tête dans les mains.*)

LARIGOT, *d'une voix éteinte et lamentable.* Consolez-vous, monsieur Verbal ; rassurez-vous, tous tant que vous êtes ; je ne suis pas encore mort, et la preuve (*changeant subitement de ton et se levant de sa chaise en faisant une joyeuse gambade*) la preuve c'est que Larigot vit encore.

TOUS. Qu'est-ce ?.. que signifie ?..

MOUFLON. Eh quoi ! Larigot, tu vis encore ?

LARIGOT. Et très-bien portant même. Ah! messieurs, vous avez voulu vous moquer de Larigot; c'est Larigot qui s'est moqué de vous tous.

BRACONNEAU. Mais ce sang dont tu parais inondé?

LARIGOT. Quelques mûres sauvages dont, par hasard, j'avais rempli cette poche en courant dans le village. (*Il montre la poche de côté de sa veste.*) Je viens de les écraser.

MOUFLON. Mais comment as tu été prévenu qu'on allait te jouer une comédie?...

GUSTAVE. A laquelle tu as répondu par une autre comédie.

LARIGOT. J'ai su cela (*il prend Mouflon par la main et lui crie très-fort dans le tuyau de l'oreille*) en écoutant à la porte.

MOUFLON. Incorrigible pendard, va! Il mourra avec ce vice là.

LARIGOT. Oui, j'écouterai... Mais... je ne parlerai plus!

VAUDEVILLE.

AIR : *Du premier pas.*

MOUFLON *à Verbal.*

Votre figure, en tout temps si vermeille,
A bien jauni, pauvre Monsieur Verbal !
Pour la guérir d'une couleur pareille,
Venez vider une bonne bouteille.
    Ça n' f'ra pas d' mal ! (*Bis.*)

TOUS LES ACTEURS *répètent en chœur.*

    Ça n' f'ra pas d' mal ! (*Bis.*)

BRACONNEAU.

A mon mérite enfin rendant hommage,
On m' nommera bientôt gendarme à ch'val.
Quand j' s'rai fourni de tout mon équipage,
Ça doublera pour le moins mon courage.
    Ça n' f'ra pas d' mal ! (*Bis.*)

TOUS.

    Ça n' f'ra pas d' mal ! (*Bis.*)

TREMBLOTIN.

On ne sait pas ce qu'un maire a de peines
Pour diriger son char municipal ;
Mais lorsqu'après mille démarches vaines
La croix d'honneur lui vient pour ses étrennes,
    Ça n' fait pas d' mal ! (*Bis.*)

TOUS.

    Ça n' fait pas d' mal ! (*Bis.*)

JÉROBOAM.

Chez Israël, les chrétiens sont en haine.
Ce qui fient d'eux, déplait en chénéral.
Mais quand un juif d'une pourse chrétienne
Peut soutirer les écus par centaine,
    Ça n' fait pas t' mal ! (*Bis.*)

TOUS.

    Ça n' fait pas d' mal ! (*Bis.*)

GUSTAVE.

O vous, Messieurs, qu'inspire l'indulgence,
Laissez passer ce juif original.
Mais si nos jeux méritent récompense,
A tour de bras, frappez par complaisance.
    Ça n' fait pas d' mal ! (*Bis.*)

TOUS.

    Ça n' fait pas d' mal ! (*Bis.*

Après les applaudissements du public, Larigot s'avance, fait trois saluts et chante.

LARIGOT.

Merci, Messieurs, merci de votre peine,
Car vous claquez fort bien en général.
Pour nous donner encor pareille aubaine,
Revenez tous nous voir la fois prochaine.
    Ça n' f'ra pas d' mal ! (*Bis.*)

TOUS.

    Ça n' f'ra pas d' mal ! (*Bis.*)

FIN.

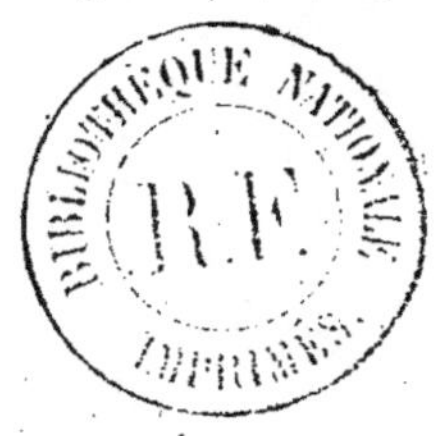

BEAUVAIS, IMPRIMERIE DE D. PÈRE, RUE SAINT-JEAN.

SCÈNES ET COMÉDIES

par Eugène BOULY DE LESDAIN.

EN VENTE :

Les Tribulations du marquis de la Grenouillère, Comédie bouffonne en un acte.

Le Déjeuner de Garçons ou LA LEÇON DE SAGESSE, Comédie en un acte.

Monsieur l'Inspecteur, Folie de jeunes gens, en un acte.

La Chasse aux Ortolans, Scène-Proverbe à trois personnages.

Les Brigands Invisibles, Comédie bouffonne en un acte.

A PARAITRE :

Don Quichotte, Comédie en trois actes. (Sujet tiré du roman de MICHEL CERVANTÈS.)

Le Père Jérôme, Drame en un acte.

Le Chat de la Mère Michel, Pantomime en un acte.
(Farce de carnaval dont les personnages sont : Arlequin, Pierrot, Cassandre, Polichinelle, Marforio et un Procureur.)

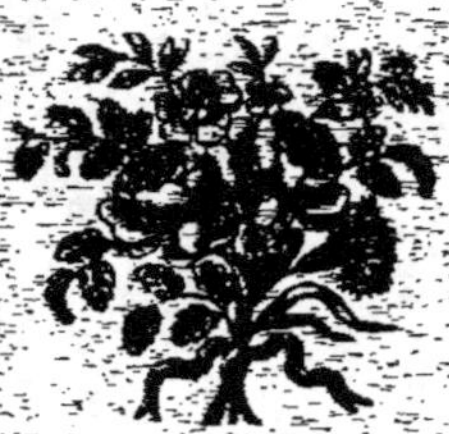

Beauvais, imprimerie de D. PÈRE, rue Saint-Jean.